# LES

# HOMMES DE PARTI

## EN FACE DE L'EMPIRE

PARIS

IMPRIMERIE DE L. TINTERLIN ET Cᵉ

Rue Neuve-des-Bons-Enfants, 3

# LES

# HOMMES DE PARTI

## EN FACE

## DE L'EMPIRE

PARIS

E. DENTU, LIBRAIRE-ÉDITEUR

PALAIS-ROYAL, 17 ET 19, GALERIE D'ORLÉANS

—

1863

# LES

# HOMMES DE PARTI

## EN FACE DE L'EMPIRE

Le 5 novembre une voix auguste a prononcé ces mots : « Ne donnons pas plus longtemps une importance factice à l'esprit subversif des partis extrêmes, en nous opposant par d'étroits calculs aux légitimes aspirations des peuples. » — Cette parole si simple, si profondément vraie, aborde nettement la question sociale du dix-neuvième siècle et la résout par la liberté. Pour ne nous en occuper qu'au point de vue de notre pays, n'est-il pas exact de dire que l'Empereur n'a pas de meilleur appui que la masse du peuple, et que son pouvoir souverain ne peut être consolidé d'une façon immuable que par la réalisation même de ces tendances libérales, dans lesquelles pourtant quelques esprits, partisans à leur insu des systèmes déchus, croient voir un danger pour l'État? D'où vient donc que nous voyons si souvent dans la marche des affaires autant d'hésitation à s'engager franchement dans cette voie de liberté? D'où vient qu'en présence d'un prince dont les paroles, comme on l'a dit, sont toujours celles de l'homme le plus libéral de son siècle, de celui qui comprend le mieux les rapports intimes qui, dans nos sociétés modernes, relient les souverains aux peuples; d'où vient, dis-je, que ses conseillers et les agents de sa volonté suprême se croient parfois forcés de démentir par leurs actes les paroles du souverain?

Plusieurs raisons pourraient être données; mais il en est une qui est de nature à préoccuper l'opinion publique, et que nous signalons dès à présent : c'est l'éloignement presque général des hommes jeunes de la direction des affaires. Pourquoi cela? Quel motif peut justifier ces appréhensions à l'égard de la partie vivace d'une génération, de celle qui, sans aucun doute, représente le plus exactement les aspirations d'un pays et d'une société? Selon nous, il pourrait y avoir là, dans un avenir plus ou moins prochain, un danger réel pour l'Empire, et nous ne comprendrions pas qu'il continuât d'agir ainsi. Il n'y a que les gouvernements qui vieillissent qui peuvent craindre les hommes jeunes; et, ce que l'on est convenu d'appeler l'ardeur de la jeunesse, n'est à redouter que pour les dynasties sans force et sans racine dans les masses. C'est là, ce nous semble, en politique, une vérité absolue, à l'appui de laquelle l'histoire de tous les pays nous fournirait des milliers d'exemples. Mais combien la chose est plus évidente encore dans le temps où nous vivons?

Depuis un demi-siècle cinq révolutions successives sont venues changer le gouvernement établi et l'ordre social. Chacune de ces révolutions a jeté dans les esprits les germes de certaines idées contraires aux choses qui avaient jusqu'alors paru justes ou du moins nécessaires, et enfin, le suffrage universel est venu complétement changer la marche politique. Mais, en temps de révolution, les esprits bondissent plutôt qu'ils ne marchent, et c'est précisément là ce qui rend éphémères les conquêtes faites par l'émeute et le renversement des pouvoirs établis. Presque toujours le but est dépassé, et pour organiser et rendre possibles les libertés conquises, il faut un temps plus long que si on arrivait à ces mêmes avantages par la pratique régulière et progressive des franchises publiques. Donc, les révolutions sont des événements déplorables, parce que, indépendamment des calamités privées dont elles sont le signal, elles ont aussi pour effet immédiat de nuire au développement même de la prospérité matérielle et morale du pays. Mais sont-ce les peuples ou les gouvernants qui doivent porter la responsabilité des malheurs causés par les bouleversements politiques? Sans vouloir justifier les excès des hommes qui, par système, veulent des changements sur lesquels ils comptent pour affermir leurs intérêts privés, nous pensons qu'il est juste qu'un gouvernement soit aujourd'hui considéré comme responsable d'une révolution qu'il n'a pas prévue.

Le mot de pouvoir souverain n'a plus maintenant la signification qu'il avait autrefois. Le gouvernement d'une nation n'est plus l'apanage d'une famille, qui règle ses destinées sans autre droit que celui de naissance. Le droit divin est mort en politique, et les sociétés modernes ne reconnaissent plus le souverain que comme étant la représentation d'elles-mêmes, ce qui peut se traduire par cet axiome : que le chef de l'État est l'image du peuple couronné. — Louis XIV disait et devait dire : « L'État, c'est moi. » L'Empereur doit dire aujourd'hui : « L'État, c'est la nation. » — Il est impossible de repousser cette conclusion ; tous les raisonnements y aboutissent, et personne en France n'admettrait qu'il en fût autrement. J'en excepte ceux qui en politique n'auraient jamais songé un instant aux idées de droit et de devoir ; mais on n'a pas à s'occuper de ceux-là, et d'ailleurs, un gouvernement ne peut pas s'appuyer sur des gens dont l'opinion est de n'en pas avoir.

L'idée de légitimité aujourd'hui a donc été complétement transformée, et celui-là seulement est souverain légitime qui représente le mieux les aspirations du pays. Voilà pourquoi, à notre avis, le gouvernement impérial est, dans toute l'acception du mot, un gouvernement légitime, en ce sens que l'Empereur est le chef élu par la grande majorité des Français, d'après le mode le plus large et le plus juste des suffrages connus jusqu'à ce jour, je veux dire le suffrage universel, non pas que je le regarde, tel qu'il est institué, comme étant l'expression la plus exacte des besoins du moment ; mais enfin, il faut constater qu'il a été une conquête réelle sur les vieux préjugés, et que l'Empereur a le droit de se prétendre issu d'une source aussi pure que possible, du vœu populaire exprimé sous la forme qui est, entre toutes, la meilleure employée jusqu'à ce jour. Or, de ce droit découlent des devoirs, et le gouvernement impérial ne peut pas renier son origine ; il ne peut pas accuser le suffrage universel sans s'accuser lui-même, et il ne peut pas sans une contradiction singulière qui serait naturellement et justement interprêtée contre lui, paraître redouter les effets d'un suffrage auquel il doit d'exister.

Je suis convaincu qu'à ce point de vue, des serviteurs très-dévoués de l'Empire ont usé d'une méthode qui pourrait à la longue compromettre gravement les intérêts qu'ils pensaient défendre. Pourquoi, en effet, lorsqu'on gouverne un pays, agir avec lui comme si l'on se méfiait de tous ses sentiments? Pourquoi descendre dans l'arène pour imposer ses opinions aux masses? C'est ainsi que l'on arrive à fortifier singulièrement les partis que l'on veut renverser. Je fais la part des nécessités où peut être un gouvernement, de combattre des oppositions systématiques qui accompagnent les temps de révolutions, et qui n'ont d'autre but que celui de renverser l'ordre de choses existant, pour satisfaire des ambitions particulières. Mais je ne crois pas que l'on puisse trouver là une cause suffisante pour peser sur les volontés populaires. Dès lors qu'un gouvernement n'a pas d'autre raison d'exister que ce fait même qu'il représente l'opinion générale, n'est-il pas évident que c'est folie à lui de combattre à outrance les gens qui ne partagent pas ses avis? Un chef dÉ'tat qui agirait ainsi oublierait une chose, c'est qu'en combattant les représentants de tel ou tel parti, il devient ainsi lui-même le chef d'un parti, et que de la sorte il atteint un but complétement opposé à celui qu'il voulait poursuivre; car les escarmouches ont pour effet immédiat d'entretenir vivaces et unies les diverses factions qui divisent un pays, et de grouper autour d'elles les mécontents, les ambitieux et la foule nombreuse des hommes qui sont toujours disposés à se tourner contre ceux qui gouvernent. Donc, sans parler de ce qu'un pareil système peut apporter d'obstacles à la dignité des citoyens, ainsi qu'aux libertés publiques, même en se plaçant uniquement au point de vue de ceux qui ont le pouvoir, je dis qu'agir ainsi, c'est ne comprendre ni les idées du siècle, ni le bonheur du souverain, ni celui du pays ; que c'est là une politique mauvaise, qui a pour résultat certain de fortifier les partis au lieu de les dissoudre, et de faire du gouvernement, non pas la représentation d'un peuple, mais celle d'un parti ; avec cette différence que ce dernier est au pouvoir et que les autres veulent y arriver.

La France est lasse de révolutions, parce que la plus grande partie des citoyens ont eu à souffrir de ces bouleversements qui compromettent les intérêts de tous ; elle aspire au repos et à un gouvernement stable. Mais il est une chose qui lui est encore plus chère que son repos, c'est la liberté ; on ne saurait trop, à cet égard, ménager ses susceptibilités. La force, dans les sociétés modernes, ne peut rien fonder ; et ceux qui compteraient sur elle pour se maintenir et se fortifier, ne prépareraient pas seulement leur propre chute, mais encore de nouveaux malheurs à leur patrie ; car la liberté trop longtemps et trop fortement comprimée, au moment d'éclore, se transforme en licence. Et voilà pourquoi, depuis cinquante ans, la France ignore la véritable indépendance, celle qui se base sur la dignité de soi-même et le respect des autres. Il en est de la liberté comme de ces herbes salutaires qui, après avoir trop longtemps fermenté, deviennent des poisons de la dernière violence.

Il faut introduire dans la politique de nouveaux moyens d'action, et on ne peut plus aujourd'hui songer à gouverner les hommes, en usant de la force ou en exploitant les vices d'un ensemble social. Ceux qui emploieraient un pareil système, je le répète, ne pourraient qu'arriver à un résultat, celui de se trouver en lutte avec la nation et de devenir en quelque sorte envers elle un ennemi civil. J'admets qu'ils puissent résister un certain temps en remplissant toutes les fonctions publiques de leurs créatures, ils ne tarderaient pas néanmoins à tomber sous les coups de l'opinion publique, après avoir fait un grand mal au pays et avoir mérité pour eux-mêmes une flétrissure éternelle.

Oui ! la France veut un gouvernement fort ; mais les gens qui n'entendent rien à la politique, ou qui veulent n'y trouver qu'un moyen de satisfaire leurs intérêts, donnent un singulier sens à ce mot. Ils entendent par là un gouvernement qui a dans les mains le plus de moyens possibles de compression ; et ils se croient forts, parce qu'en usant des ressources nationales uniquement pour se maintenir au pouvoir, ils peuvent arrêter l'opinion et enchaîner momentanément la liberté qui se tournerait contre eux. — Les États ainsi établis peuvent en effet résister à l'émeute, parce qu'avec eux l'émeute ne se produit pas ; mais ils entraînent fatalement des bouleversements d'autant plus terribles que plus l'opinion est comprimée, plus dangereusement elle éclate. — Les gouvernements libres offrent cet avantage que les discussions rapprochent les esprits opposés, en montrant aux uns ce que les autres peuvent penser de raisonnable et de juste ; et l'on arrive bientôt à ne plus discuter que sur des détails, la presque unanimité du pays étant d'accord sur la base même de la constitution. — Au contraire, un gouvernement qui ne pense qu'à être fort contre la liberté, non-seulement se fait haïr et mépriser de la masse du peuple, mais il a encore cet inconvénient d'éloigner les uns des autres les esprits extrêmes, de telle sorte que lorsqu'un événement quelconque laisse le champ libre aux passions diverses, tous se traitent en ennemis mortels, en oubliant qu'ils sont avant tout les citoyens d'une même patrie. —

Sous l'empire des idées modernes qui proclament légitime la souveraineté du peuple, un gouvernement véritablement fort ne peut être que celui qui représente les aspirations de tous, et qui, comme ferait un bon chef de famille, donne à chaque citoyen le plus grand bien-être possible et aussi la plus grande liberté. C'est donc en étant d'accord avec les idées populaires que le pouvoir souverain s'affirmera ; et ce n'est que de cette façon qu'il acquerra le droit d'employer des moyens violents de repression contre les esprits trop ardents dont les tracasseries compromettraient la tranquillité publique, de telle sorte que l'État étant la représentation exacte de la nation, nous jouissions de la meilleure constitution possible : « un gouvernement fort dans une nation libre. » — Mais dans un pays où ces principes ne seraient pas suivis, il ne pourrait y avoir qu'un gouvernement faible ; car il se verrait forcé de remplacer l'autorité morale par les armes et de se maintenir comme en pays ennemi. — Les mots de liberté et d'égalité ne seraient que mensonges ; car la liberté des gouvernants n'étant produite que par l'asservissement des citoyens, un pareil régime aurait pour effet, en abaissant la dignité humaine, d'anéantir considérablement le sentiment national. —

Et ceux qui parlent si souvent des libertés anglaises, devraient se rappeler, en prenant l'Angleterre pour point de comparaison, qu'il n'y a que les peuples jouissant d'une grande liberté de discussion qui peuvent avoir un respect sérieux pour le pouvoir souverain ; car une nation esclave peut flatter et craindre la main qui la gouverne, mais elle ne la respecte pas et n'aspire qu'à la vengeance. —

Sous un autre rapport, la liberté seule peut servir à dévoiler les petites passions, les intérêts mesquins des vieux partis qui voudraient, par des moyens usés, gouverner un peuple transformé ; elle aura pour effet de détruire ces partis qui avouent leur impuissance en disant qu'ils doivent rester fidèles au souvenir de leur prince au milieu d'une société dans laquelle le pouvoir souverain ne peut plus être qu'une représentation du peuple couronné. — Et n'est-ce pas là pour un souverain vraiment digne de l'être et aimant son pays, la plus pure comme la plus glorieuse des souverainetés ? — En dehors des gens malheureusement trop nombreux qui ne savent pas faire la part assez large aux principes nouveaux qui nous régissent, ceux-là seuls peuvent craindre la liberté, qui veulent trahir les intérêts de leurs concitoyens, et un bon prince doit la chérir comme la consécration même de son pouvoir, consécration sans laquelle tout gouvernement ne serait qu'une usurpation déguisée ; cela me paraît d'une vérité absolue, et je ne crois même pas la discussion possible. — Si donc on s'étonnait de voir si fréquemment ces idées repoussées par des hommes qui peut-être croient et veulent sincèrement servir leur souverain, il faudrait en chercher la cause dans ces brusques transformations introduites par notre grande révolution, qui, en renversant toutes les idées reçues pour leur en substituer de mieux appropriées aux sentiments de tous, a posé des principes immuables, dont les applications effrayent les ignorants et les esprits imbus, sans s'en douter, des anciens préjugés.

Mais si nous sommes les premiers à reconnaître que souvent les agents du pouvoir ne nous paraissent pas se jeter assez nettement dans la voie du progrès, ce n'est certes pas aux hommes de part qu'il appartiendrait d'élever ces reproches; car ceux de nos hommes d'État qui répriment la liberté et font ainsi, selon nous, un grand tort à l'Empire, agissent de la sorte, précisément parce que tout en s'étant franchement ralliés à l'Empire, ils ne comprennent cette grande politique impériale qu'avec les restrictions de l'esprit de parti dont ils ont appris dans leur jeunesse à faire les bases du gouvernement. Les partis ne peuvent pas donner la liberté : seul, l'Empire doit la donner et peut la rendre féconde.

Avant 1789, qu'était en France le pouvoir souverain? C'était, nous l'avons dit, l'apanage d'un homme ayant dans ses mains toutes les puissances, par ce seul fait qu'il était né roi, et, par conséquent, devant considérer la nation comme étant une propriété soumise sans doute à certaines conditions particulières, mais enfin, comme une propriété à lui et à sa descendance. — 89, en proclamant la souveraineté des peuples, modifia d'une façon absolue les rapports des citoyens avec l'État. Cela fut, à l'étranger, si bien compris par les rois de droit divin, que tous les peuples, entraînés par leurs souverains qui leur cachaient le but véritable de la révolution française, se trouvèrent coalisés contre nous, alors que les intérêts de la plupart d'entre eux étaient de marcher sous les plis du drapeau tricolore. Et voilà pourquoi un simple soldat devenu l'Empereur Napoléon, a dû être regardé à cette époque comme le chef de la démocratie, et qu'il reste à ce titre, autant qu'en raison de son génie militaire, si profondément populaire dans les masses. L'Empereur Napoléon I<sup>er</sup> a dû être constamment les armes à la main, parce qu'il était le premier souverain représentant l'idée nouvelle, cette idée que l'on appelait et que les esprits étroits appellent encore l'idée révolutionnaire, alors qu'elle est le plus grand pas fait depuis le Christianisme par les sociétés humaines. Aujourd'hui, les esprits se sont éclairés et l'Idée a lui sur tous. Il est impossible de la briser ou même de la comprimer, sans faire écrouler l'unique base de l'édifice social. Ces principes que Napoléon répandait avec son épée au milieu de l'Europe soulevée contre lui, c'est à son successeur, c'est à Napoléon III, qu'il convient d'en régler l'application à l'intérieur; car c'est par là que nous dominerons le monde.

Il est une idée vieille comme l'humanité et qui devrait être la seule règle de conduite des hommes politiques; c'est qu'un gouvernement ne peut vivre qu'en étant l'expression des forces vitales du pays. Voilà pourquoi il ne doit aujourd'hui s'inspirer que des sentiments de tous et du vœu populaire. Or, peser sur la liberté, c'est fausser l'expression du sentiment public, et, par suite, c'est se tromper volontairement et se nuire à soi-même, à moins que l'on n'ait la folie de penser qu'un gouvernement peut vivre, de nos jours, en ayant des tendances contraires à celles du pays, et en suivant une ligne de conduite désavouée par les masses. Et c'est là ce qu'on ne comprend pas; c'est là ce qui fait que tant de prétendus hommes d'État se trompent d'une étrange façon en voulant appliquer les moyens politiques qu'ils croient être profondément rusés parce qu'ils ont pu être bons autrefois, tandis qu'aujourd'hui ils ne sont que naïfs et ne servent qu'à nuire aux gens qui les emploient. Si c'est ainsi que l'on pense rallier les partis, c'est une puérilité et une tentative ridicule; car un gouvernement ne peut pas amener les gens à son opinion en les forçant de penser comme lui, mais seulement en faisant de sa conduite personnelle l'expression du sentiment public et du bonheur de tous. Que lui importeront alors les partis de tel ou tel prétendant? Les hommes de bonne foi et les hommes intelligents se rallieront à lui, et aux prétendants il restera les vieillards et les nullités.

Mais si c'est une conclusion si simple à tirer de notre état social qu'un gouvernement aujourd'hui n'est légitime et durable qu'à la condition d'être élu par la majorité des citoyens, encore une fois, comment expliquer qu'autant de conseillers du pouvoir regardent ou feignent de regarder comme un danger pour l'État la liberté qui seule peut être son appui? — Car ne perdons pas de vue que le mot liberté repousse toute idée d'exclusion comme toute licence, et qu'autant les hommes qui gouvernent doivent dans l'intérêt de tous réprimer les désordres, autant ils doivent repartir également entre les citoyens ce bien suprême d'une société moderne. — Tout gouvernement aujourd'hui doit s'étayer sur la liberté et le maintien de l'ordre ; ceux, en effet, qui ne considéreraient que ce dernier moyen, changeraient les citoyens en prisonniers d'État dont les gouvernants ne seraient plus que les gendarmes. — L'ordre existerait mieux et d'une façon plus sûre si les prisonniers pouvaient entrer et sortir à leur aise, sans se croire obligés à leur tour d'intervertir les rôles. — Dans tout pays manquant de liberté, le pouvoir est une forteresse dont les partis sont successivement les prisonniers et les sentinelles. — C'est justement parce que durant une période de trente années le gouvernement n'a pas été la représentation du pays, que les partis étant successivement au pouvoir et s'armant fortement les uns contre les autres, ont creusé des dissensions profondes qui ont singulièrement amoindri le patriotisme au profit d'intérêts purement individuels et nullement nationaux.

La Restauration ne pouvait pas se maintenir ; d'abord parce que, ramenée en France par les armées étrangères, elle blessait profondément le sentiment public, ensuite parce que, eût-elle compris la transformation complète qui avait modifié les sociétés modernes, elle portait avec elle une tache originelle.— Elle avait des dévouements à récompenser, des représailles à exercer ; elle ne devait et ne pouvait être qu'un parti.—

Le gouvernement de juillet avait sur les Bourbons de la branche aînée cet avantage, qu'issu d'un mouvement populaire il pouvait avoir certaines prétentions justifiées à s'adapter aux vœux du pays ; mais il avait ce vice de ne porter avec lui aucune idée nouvelle et de ne pouvoir mettre activement en pratique aucun principe de notre révolution. — Ses vues n'allèrent pas au delà du régime parle-

mentaire d'une nation voisine, et en voulant assi-
miler la France à l'Angleterre, il ne comprit pas
que toute analogie est impossible entre ces deux
pays ; il ne comprit pas que la constitution anglaise,
si désirable au point de vue de la liberté individuelle,
repose sur une base complétement en désaccord
avec les idées de droit moderne, et que si la France
veut de la liberté, elle a exigé avant tout l'abolition
des priviléges et une entière égalité ; à cause même
de cette égalité, le régime censitaire est impossible
en France, et le gouvernement de juillet est tombé
par cette cause et uniquement par cette cause mor-
bide qu'il portait en lui. — C'est du reste à ce vice,
que l'Angleterre ne peut extirper, qu'elle devra tôt
ou tard, si son gouvernement ne va pas au devant
du péril, la plus épouvantable révolution qui ait
jamais désolé un pays.—

Février 1848 vint proclamer le suffrage universel, et ce fut un grand pas fait dans la voie de la
justice et de la bonne politique ; mais ce gouvernement honnête et consciencieux, quoi qu'on en ait
pu dire, montra combien peu la forme républicaine
convenait à notre nation ; et, dès le lendemain, la

presque unanimité de la France était réaction-
naire ; seulement de quel côté et contre qui se portait la réaction ? Voilà ce qu'il est bon d'examiner
et ce que trop peu semblent avoir compris. Elle
n'était pas tournée contre les idées fondamentales
de la République, mais seulement contre la forme
du Gouvernement.

L'Empire fut acclamé par le suffrage universel, et,
las d'un régime qui nous menait à l'auarchie, le
peuple se couronnait lui-même en élevant au trône,
non pas seulement l'héritier d'un grand homme
sorti de ses rangs, mais encore l'héritier de celui
qui avait le plus puissamment contribué à répandre
au dehors et à consacrer les principes de la révolution française. L'Empire a donc cet immense
avantage qu'il peut et doit être un gouvernement
national ; il a une source pure ; il est issu de la ma-
nifestation libre et spontanée du suffrage universel ;
et, si jamais son existence était mise en question,
il serait sauvé par cette liberté même qui l'a créé.
Il faut être bien convaincu que les hommes de parti
seuls peuvent craindre la liberté ; car, par les motifs
que nous avons examinés plus haut, ils ne voient

en politique que deux choses possibles : être maîtres ou être asservis. C'est qu'en effet, depuis que
l'élection populaire est devenue le droit fondamental
des sociétés, il n'y a eu au pouvoir que des factions
et pas de gouvernement national. L'Empire ne doit
pas suivre les mêmes errements ; c'est par là qu'on
fausserait l'opinion publique, et que l'État ne serait
plus qu'un parti.

Il faut, comme l'a dit l'Empereur dans son dis-
cours aux chambres, « avoir le courage de substituer à un état maladif et précaire une situation
stable et régulière, dût-elle coûter des sacrifices. »
Le jour où ces idées seront courageusement ap-
pliquées en France, les graves questions qui pré-
occupent l'Europe seront près d'aboutir à une juste
solution ; car les esprits sont aujourd'hui telle-
ment imprégnés de ces sentiments, que les souverains qui, « par d'étroits calculs, » ne voudraient
pas suivre le mouvement du siècle, seraient forcés
de céder à la force les libertés qu'ils auraient tenté
de refuser. Et, une fois ces libertés intérieures par-
tout établies, il n'y a plus à craindre l'empiétement
d'un peuple sur un autre ; comme toutes nos ten-

dances en même temps que tous nos intérêts poussent aujourd'hui les hommes à se grouper en grandes nations, nous pourrons arriver sans avoir à subir les malheurs de la guerre, tout en faisant la part des nationalités et des limites naturelles, à reconstituer sur des bases nouvelles et inébranlables « une nouvelle Europe. » Ainsi pourra se trouver réalisée cette parole célèbre : « L'Empire, c'est la paix. » Ainsi le gouvernement impérial aura eu la gloire de placer, non pas par des conquêtes éphémères, mais par une organisation durable, la France à la tête du monde.

Et si, d'ici-là, des circonstances graves nous forçaient de nous jeter dans les hasards de la guerre, nous n'aurions pas à en redouter les conséquences ; car, conduite par un souverain qui ne fait la guerre que « pour de justes causes, » la France, indépendamment du courage invincible de ses soldats, aura pour élément de succès les aspirations secrètes de ceux-là mêmes que nous combattrons : le but de la guerre, en effet, ne serait pas de faire une vaine conquête, mais d'aller imposer par les armes aux peuples étrangers ces libertés que notre diplomatie aurait été impuissante à obtenir. Et la guerre d'Italie n'a-t-elle pas prouvé une fois de plus combien est prompt le triomphe des peuples qui combattent pour la liberté ? Certes, nous ne désirons pas la guerre, qui est le plus grand obstacle à toutes les améliorations réclamées par les constitutions européennes ; mais, s'il le fallait, nous la ferions, et nous saurions vaincre. Quant à ces fantômes de coalition qu'évoquent contre nous les partisans de la paix à tout prix, c'est chose puérile aujourd'hui. Les principes de 1789 sont, en effet, devenus les véritables bases sociales, et leur application, le but où toutes les nations aspirent. S'il y avait coalition, elle serait avec nous ; nous avons pour nous les peuples, et chacun sait en Europe que, si les autres souverains font la guerre pour asservir, le nôtre la fait pour délivrer.

Tous les derniers événements n'ont-ils pas démontré que les tendances du pays sont vers la liberté ? Les représentants des anciens régimes n'ont plus aujourd'hui d'autre influence que l'influence donnée par l'acharnement de ceux qui les combattent ; cela leur permet de se poser en champions et en martyrs de la liberté, et d'attirer vers eux des sympathies qui s'en iraient tout naturellement vers l'Empire. La lutte seule les fait vivre et leur donne une apparence de force qui s'évanouira dès qu'ils seront abandonnés à eux-mêmes. Qu'on ne parle donc pas non plus de coalition des partis : ce sont là de vains mots, et ces périls que l'on entretient à plaisir, la liberté les fera disparaître.

Il est un mot qui court les rues; c'est qu'il n'y a pas en France de parti bonapartiste; et des gens très-dévoués au régime actuel relèvent le mot comme une insulte. Or, c'est précisément là ce qui fait la force de l'Empire; c'est qu'il est, par son origine et par son essence, un gouvernement national; la seule chose à craindre pour sa stabilité, comme pour le bonheur de la France, c'est qu'il ne se transforme en parti. Depuis que notre société se meut sous l'empire de principes nouveaux, le régime actuel est le seul qui ait une origine d'accord avec ces principes; sa ligne de conduite doit s'adapter aux causes mêmes de son existence.

Donc, lorsqu'on parle des prochaines discussions publiques, l'Empire n'a rien à craindre de ces attaques, fort dangereuses, sans aucun doute, contre des gouvernements qui n'étaient que des fractions du pays, mais impuissantes contre la représentation même de la nation. Toutes ces idées sont saisissables, claires, évidentes. Mais, en politique comme en toute chose, il faut longtemps pour appliquer l'idée même la plus simple, et les hommes qui ont vécu, pensé, appris à gouverner sous les règnes précédents, redoutent les applications d'une idée qu'ils ne peuvent pas comprendre, d'une monarchie démocratique d'autant plus puissante qu'elle sera plus libérale. Ces hommes, habitués à voir fonctionner un suffrage restreint qui n'était en rien l'expression du pays, avaient mis tout leur plan politique à faire combattre certains intérêts particuliers par d'autres, et s'efforçaient de gouverner grâce à ces dissensions. Et maintenant qu'ils voient neuf millions d'électeurs libres de porter leur vote dans l'urne, ils sont effrayés de cette émancipation du peuple qu'ils n'avaient pas cru réalisable, et ils en redoutent les effets comme on redoute toujours l'inconnu. Pourquoi? quelle raison avez-vous de craindre ce peuple qui a su élever au trône l'empereur que vous servez? Laissez-le, sans l'influencer, exprimer ses vœux et ses sympathies, et vous le verrez, par ses votes comme de mille autres façons, vous prouver l'attachement qu'il n'a pas cessé d'avoir un seul jour pour la personne même de l'Empereur. Voilà ce qu'entendent difficilement ceux qui ont été habitués à faire du souverain, non pas le chef élu d'une grande nation, chargé de donner à tous ses sujets le bonheur et la liberté, mais bien un chef de parti qui doit uniquement assurer son existence et satisfaire ceux qui l'entourent.

C'est dans les idées jeunes et c'est par les hommes jeunes, que l'Empire peut trouver le moyen de réaliser cette politique qui assure sa stabilité et le bonheur de la France. Ceux-là, dans les luttes de la tribune, ne craindront pas les attaques des chefs de parti qui, tour à tour ont gouverné notre pays, parce que, tout en s'inclinant devant l'éclat et le talent de ces maîtres de la parole, ils savent que ce sont les représentants d'idées qui ont fait leur temps, avec lesquelles ils ont rompu, et qu'ils n'ont rien à redouter de ces élans de la parole; que toutes leurs discussions ne pourront être que de belles oraisons funèbres prononcées sur des gouvernements qui ont pu être utiles comme gouvernements de transition, pour nous conduire à la souveraineté seule possible aujourd'hui, mais nullement applicables dans l'avenir. En face de ces orateurs éminents, ils auront ce qui est plus fort que la parole et que la force des armes : ils auront l'opinion publique et le bon sens.

Telle est la voie de l'Empire, et chacun s'en rend compte instinctivement (car la vérité a cela de particulier qu'elle se fait jour même dans les esprits qui la repoussent). En dehors d'une pareille politique et en dépit de son origine, l'Empire ne serait qu'un parti. Et, disons-le, ceux-là seulement peuvent mettre nettement ces idées en pratique, que rien ne lie à l'histoire de ces trente dernières années, et qui n'ont pour les guider dans la voie de l'avenir, sans qu'ils aient à s'inquiéter du passé « qui s'écroule, » que deux faits immortels : la Révolution Française et la Gloire Impériale.

FIN.